AF554685

1721

EXTRAIT

DES REGISTRES

DE L'ASSEMBLÉE GÉNÉRALE

DE LA SECTION

DE LA BIBLIOTHEQUE,

Tenue en l'église des Filles Saint-Thomas.

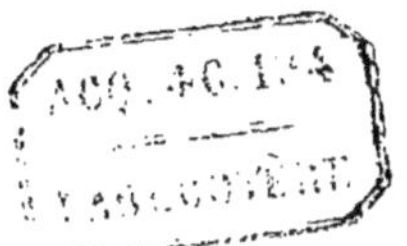

EXTRAIT

DES REGISTRES

DE L'ASSEMBÉE GÉNÉRALE

DE LA SECTION

DE LA BIBLIOTHEQUE,

Tenue en l'église des Filles Saint-Thomas.

Du mardi 30 novembre 1790.

UN membre, ayant porté la parole dans l'assemblée, a fait le rapport de l'affaire du sieur Bosque, & a dit :

Depuis dix-huit mois la France retentit des cris des victimes que des jugemens arbitraires avoient dévoués aux plus affreux supplices, & ensevelis tous vivans dans les plus noirs cachots. Aujourd'hui, messieurs, c'est un crime d'un genre nouveau que nous avons à vous dénoncer;

c'eſt un patriote, c'eſt un François, c'eſt un de vos frères que nous vous offrons, victime innocente du deſpotiſme d'un ſeul homme, d'un homme qui, envoyé au-delà des mers, par la métropole, pour faire obſerver la loi, & pour protéger la veuve & l'orphelin, en eſt devenu le perſécuteur & le tyran.

Ce tyran eſt le ſieur Jobal, commandant de l'iſle de Tabago, par *interrim*, en l'abſence de M. de Dillon.

FAITS.

La colonie françoiſe de Tabago eſt ſoumiſe aux loix angloiſes. Le 26 mai 1788, au mépris de la loi *habeas corpus*, un ſieur Ruthie eſt empriſonné, mis aux fers, ſans qu'il y ait aucune eſpèce de délit connu. M. Boſque, faiſant, dans cette colonie, les fonctions d'avocat, ſe joint à M. Leſevre, ſolliciteur général, pour invoquer, en ſa faveur, la loi, dont l'infraction étoit ſi notoire. Pour toute réponſe, le ſieur Jobal ordonne leur empriſonnement.

Le 15 juin 1789, le ſieur Jobal dicte, à des juges auſſi criminels que lui, la condamnation d'un ſieur Fouquet. Il fait défenſe au ſieur Boſque d'appeller de ce jugement à la cour ſouveraine &

criminelle de Tabago, aux juges de cette cour d'en prendre connoissance, & à la partie opprimée de se plaindre.

Quoique les gouverneurs des colonies ne dussent s'immiscer dans aucune affaire contentieuse, civile ou criminelle, le sieur Jobal, pour qui rien n'étoit sacré, de son propre mouvement, sans y être autorisé par aucune espèce d'actes émanés des tribunaux, ordonnoit, aux débiteurs, de payer ou de garder prison; & lorsqu'il se trouvoit des obligations, il prévenoit, avant l'échéance, qu'il seroit impitoyable envers ceux qui n'y satisferoient pas à temps.

Le 15 septembre, il interdit l'avocat Bosque, dont tout le crime étoit d'avoir rédigé la protestation d'un habitant & de sept familles indiennes, que M. Jobal avoit dépouillé de leur propriété. M. Bosque, ne faisant aucun cas de son interdiction, parce qu'elle étoit illégale, se présenta en robe à la cour de chancellerie de l'isle; là, il fut appuyé par M. l'ordonnateur & le procureur-général, au moment où le commandant Jobal lui refusoit la parole, en alléguant qu'il ne devoit compte qu'au roi, qu'il avoit le droit de destituer M. Bosque, & qu'il le destituoit en effet. C'est ainsi qu'il lui avoit enlevé, l'année d'auparavant la place de député-secrétaire, qu'il avoit obtenue par l'unanimité des suffrages de l'assemblé coloniale de Tabago.

Nous supprimons, messieurs, plusieurs autres faits, qui offrent autant de crimes de lèze-humanité, & tous propres à révolter votre sensibilité.

Enfin, messieurs, pour vous peindre d'un seul trait ce d... visir..., uni avec quelques membres du comité colonial, avec les officiers du second bataillon du régiment de la Guadeloupe, & quelques autres ennemis de la révolution, tenant leur mission du ci-devant ministre de la Luzerne, ils produisirent vingt-six témoins, pour accuser le sieur Bosque des plus grands crimes. Ces crimes étoient, 1°. d'avoir donné des rubans pour faire des cocardes nationales à des soldats; 2°. d'avoir reçu le serment de plusieurs à l'assemblée patriotique de la ville de Port-Louis de Tabago, en présence des président, vice-président & plusieurs autres membres, qui jurèrent d'être fidèles à la nation, au roi & à la loi; 3°. d'avoir ouvert une souscription, à l'effet de faire faire & un drapeau national & des cocardes, afin d'en présenter à tous les chefs de corps; 4°. de faire une bourse, pour être répartie entre les veuves & les orphelins de la capitale, dont les pères & les maris avoient perdu la vie à la journée mémorable du 14 juillet ; 5°. d'avoir invité tous les habitans à concourir à cette œuvre méritoire ; 6°. enfin, d'avoir employé tous les moyens de ramener le bon ordre & la paix.

Pour réparation de tous ces prétendus crimes, cette cour infâme, composée de satellites du tyran, dont quelques-uns étoient Ecossois, osa condamner M. Bosque à six mois d'emprisonnement, dont il passa deux aux fers, à être exposé, à la fin des six mois, au carcan, depuis midi jusqu'à une heure, à moins (ajoute toujours ce jugement inique & monstrueux) qu'après avoir gardé prison pendant six semaines, il fasse sa soumission, sous serment, devant deux juges de paix, de consentir à partir de l'isle, pour n'y revenir jamais.

Pour se soustraire aux rigueurs de sa captivité & à l'ignominie qui l'attendoit, le sieur Bosque, sachant que toute sa maison avoit été pillée, que ses meubles, ses effets & ses nègres, dont le plus vieux avoit vingt-un ans, avoient été vendus à vil prix, consent à quitter l'isle.

Le commandant lui annonce qu'il ne peut l'envoyer dans une colonie françoise ; l'infortuné a beau lui représenter que sans bien & sans ressource, il va périr d'inanition ; il est inflexible ; c'est par grace spéciale qu'il l'envoya à la Trinité espagnole ; & cette grace devient une nouvelle source de malheurs pour le sieur Bosque.

Le 30 Décembre 1789, il est embarqué sur un vaisseau François, commandé par un sieur Marchand ; on lui avoit donné pour compagnon un meurtrier anglois, & ils furent laissés l'un & l'autre à la pointe de la galère de la Trinité espagnole, au sein des forêts, & au milieu d'une horde de sauvages dont ils pouvoient devenir la proie, s'ils échappoient à la faim ou à la voracité des bêtes féroces.

Le ciel, sans doute, ne vouloit pas laisser impunis les crimes du Séjan de Tabago ; il conserva les jours de cet inforuné, afin qu'il pût venir trouver des vengeurs dans sa patrie ; il adoucit les mœurs de ces sauvages ; ceux-ci le transportèrent dans une frêle barque, à la merci des ondes ; & après quarante heures d'un trajet où la mort se présentoit à chaque moment sur leurs pas, ils le déposèrent au port de la Trinité espagnole.

Telle est, messieurs, l'énumération des maux dont M. Bosque a été accablé ; tels sont les crimes dont vous avez à demander vengeance ; ils sont publics, ils sont prouvés par toutes les pièces les plus authentiques, que nous avons collationnés sur les originaux ; il attend tout de votre intervention ; ce n'eſt point une injure perſonnelle que vous avez à venger ; c'eſt toute la nation qui a été outragée dans un de ſes membres ; les décrets de l'auguſte ſénat auquel vous devez votre ſalut, ont été mépriſés ; les couleurs nationales ont été foulées aux pieds ; l'étendard ſacré de la liberté a été méconnu ; on a frappé d'anathême le citoyen vertueux qui recevoit le ſerment civique de vos frères, à 1800 lieues de la métropole : la juſtice ne ſauroit être trop prompte ; il faut un exemple pour intimider les pervers.

Nous concluons donc à ce qu'une députation, priſe dans votre ſein, de concert avec les autres ſections de la capitale, ſe préſente à l'aſſemblée nationale, pour y demander le rappel & la punition du ſieur Jobal, & pour M. Boſque, une indemnité proportionnée à ſes pertes, & aux maux dont il a été accablé par l'infâme ſuppôt des miniſtres prévaricateurs, que la voix publique a réprouvé.

Paris, le 27 Novembre 1790.

Signé le préſent rapport, ordonné par l'aſſemblée générale de la ſection de la Bibliothèque.

Signé, N. J. HUGOU (DE BASSVILLE); L. MILLY; MAGOL; VITRY, notable adjoint; LA VALLÉE.

Nota. Le sieur Jobal n'est pas le seul contre lequel le Bosque a des indemnités à répéter ; son persécuteur a des complices, qui ont partagé son délit ; ils doivent aussi partager sa peine.

L'Assemblée, prenant en considération la situation affligeante du sieur Bosque, & statuant sur le rapport des commissaires par elle nommés, pour prendre une connoissance entière des divers actes de despotisme & d'inhumanité exercés envers lui, en exécution des jugemens des tribunaux établis à Tabago, & particulièrement d'après les ordres du sieur Jobal, commandant de cette isle, en l'absence de M. Dillon, a arrêté que le rapport ci-dessus seroit communiqué aux 47 autres sections de la capitale, pour en prendre connoissance, & unir leurs vœux à celui des citoyens de la section de la Bibliothèque, à l'effet de faire rendre au sieur Bosque la justice que tous les bons citoyens doivent à ses vertus civiques, & à son amour pour la constitution.

Dénoncer le sieur Jobal & ses satellites, aux augustes représentans de la nation, comme s'étant rendus coupables d'un crime de lèze-nation, en exerçant, envers le sieur Bosque & plusieurs autres bons citoyens de l'isle de Tabago, les actes de tyrannie & d'abus d'autorité dont il est fait mention dans le rapport; & pour cet effet, les 47 sections sont invitées à nommer chacune un commissaire, pour dresser, conjointement avec celui que nommera la section de la Bibliothèque, une pétition, qui sera portée à l'assemblée nationale. A arrêté en outre que le rapport ci-dessus, ainsi que le présent arrêté, seroient imprimés aux frais de la section. Fait & arrêté en l'assemblée, lesdits jours & an que dessus.

Signé MAGOL, président.

HARDY, secrétaire-greffier.

De l'Imprimerie de L. POTIER DE LILLE, rue Favart, N°. 5.

www.ingramcontent.com/pod-product-compliance
Lightning Source LLC
LaVergne TN
LVHW020507230826
846091LV00008BA/3377

* 9 7 8 2 0 1 1 9 4 1 1 9 0 *